LAS LEYES DE DERECHOS DE VOTACIÓN

KATHRYN WESGATE
TRADUCIDO POR ROSSANA ZÚÑIGA

Gareth Stevens
PUBLISHING

EN CONTEXTO

Please visit our website, www.garethstevens.com. For a free color catalog of all our high-quality books, call toll free 1-800-542-2595 or fax 1-877-542-2596.

Library of Congress Cataloging-in-Publication Data
Title: Las leyes de derechos de votación / Kathryn Wesgate.
Description: New York : Gareth Stevens Publishing, 2021. | Series: Conoce las elecciones de Estados Unidos| Includes index.
Identifiers: LCCN 2019051299 | ISBN 9781538260739 (library binding) | ISBN 9781538260715 (paperback) | ISBN 9781538260722 (6 Pack) | ISBN 9781538260746 (ebook)
Subjects: LCSH: Election law—United States—Juvenile literature.
Classification: LCC KF4886 . W47 2020 | DDC 342.73/07—dc23
LC record available at https://lccn.loc.gov/2019051299

First Edition

Published in 2021 by
Gareth Stevens Publishing
111 East 14th Street, Suite 349
New York, NY 10003

Copyright © 2021 Gareth Stevens Publishing

Translator: Rossana Zúñiga
Editor, Spanish: María Cristina Brusca
Editor: Kate Mikoley

Photo credits: Cover, p. 1 Hulton Archive/Getty Images; series art kzww/Shutterstock.com; series art (newspaper) MaryValery/Shutterstock.com; p. 5 Portland Press Herald/Getty Images; p. 7 Hero Images/Getty Images; p. 9 Keith Lance/DigitalVision Vectors/Getty Images; p. 11 Everett Historical/Shutterstock.com; pp. 13, 21 Bettmann/Getty Images; p. 15 Lyndon Baines Johnson Library and Museum/Wikimedia; p. 17 PhotoQuest/Archive Photos/Getty Images; p. 19 Don Carl STEFFEN/Gamma-Rapho/Getty Images; p. 23 Hill Street Studios/DigitalVision/Getty Images; p. 25 fstop123/E+/Getty Images; p. 27 Gilles BASSIGNAC/ Gamma-Rapho/Getty Images; p. 29 Rob Crandall/Shutterstock.com.

Printed in the United States of America

Some of the images in this book illustrate individuals who are models. The depictions do not imply actual situations or events.

CPSIA compliance information: Batch #CS20GS: For further information contact Gareth Stevens, New York, New York at 1-800-542-2595.

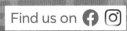
Find us on

CONTENIDO

Las palabras del glosario se muestran en **negrita** la primera vez que aparecen en el texto.

ESTABLECER LA LEY

Cuando se firmó la **Constitución de Estados Unidos**, en 1787, los estados obtuvieron el control sobre la organización de las elecciones. En aquel entonces, casi siempre los hombres blancos, quienes poseían **propiedades**, podían votar. Esto significaba que la mayoría de las personas del país no podían hacer que su voz se escuchara.

SI QUIERES SABER MÁS

Una elección es el acto de votar por alguien
para una posición en el Gobierno, como
presidente o gobernador.

MODIFICAR LA CONSTITUCIÓN

Nuevas leyes y **enmiendas** a la Constitución cambiaron el funcionamiento de las elecciones. Hoy, la mayoría de **ciudadanos** mayores de 18 años puede votar; pero en la década de 1860, la mayoría de los estadounidenses no podía votar. Las mujeres, los afroamericanos, los nativos americanos y los asiáticoamericanos estaban en este grupo de personas que no tenían permitido votar.

En 1868, la Decimocuarta Enmienda les otorgó la ciudadanía a los afroamericanos, pero aún así se les prohibía votar. En 1870, la Decimoquinta Enmienda estableció que a los hombres no se les podía negar el derecho a votar por su raza o su color de piel. Sin embargo, aún no podían votar.

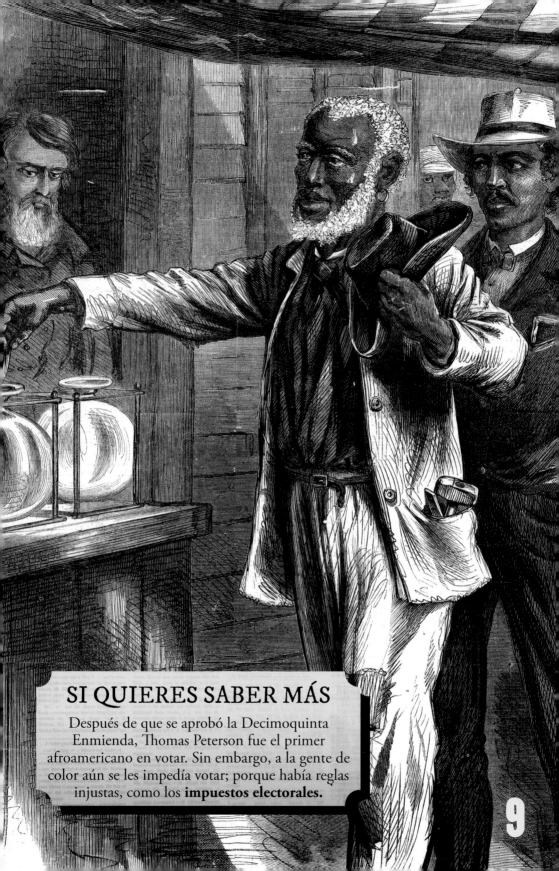

SI QUIERES SABER MÁS

Después de que se aprobó la Decimoquinta Enmienda, Thomas Peterson fue el primer afroamericano en votar. Sin embargo, a la gente de color aún se les impedía votar; porque había reglas injustas, como los **impuestos electorales.**

DECIMONOVENA ENMIENDA

Por casi 100 años, las mujeres de Estados Unidos lucharon por obtener el derecho a votar o sufragar. El 18 de agosto de 1920, se **ratificó** la Decimonovena Enmienda. Finalmente las mujeres obtuvieron el derecho al voto, algo que los hombres blancos tenían desde hacía muchos años.

SI QUIERES SABER MÁS

En 1869, Wyoming, que no era un estado sino
un **territorio**, fue el primero en otorgar a
las mujeres el derecho al voto.

Puede parecer que
la Decimonovena Enmienda
les otorgó a todos los ciudadanos
adultos el derecho a votar. Sin
embargo, las reglas injustas
indicaban que muchos hombres
y mujeres, que no eran blancos,
todavía no podían votar. Por
ejemplo, en algunos estados se
podía votar solo si tu abuelo había
votado antes.

SI QUIERES SABER MÁS

Los **esclavos** no podían votar; la cláusula de derechos adquiridos o "cláusula del abuelo" decía que quien tuviera abuelos que habían sido esclavos, tampoco podía votar. En aquel momento, esa regla rechazaba a muchos afroamericanos.

LA LEY DEL DERECHO AL VOTO DE 1965

En la década de 1960, los afroamericanos y las mujeres no podían votar en el sur. En 1964, la Vigesimocuarta Enmienda estableció que eran ilegales los impuestos electorales. En 1965, la Ley del Derecho al Voto prohibió otros métodos que impedían que los afroamericanos votaran.

SI QUIERES SABER MÁS

Los líderes de **derechos civiles**, Martin Luther King Jr. y Rosa Parks, se encontraban entre los presentes cuando el presidente Lyndon B. Johnson promulgó la Ley del Derecho al Voto, el 6 de agosto de 1965.

LYNDON B. JOHNSON

MARTIN LUTHER KING JR.

EDAD PARA VOTAR

Durante la Segunda Guerra Mundial (1939-1945), se presentó un problema con la edad para votar. A los 18 años los hombres eran enviados a la guerra, pero no podían votar sino hasta cumplir los 21 años. Los jóvenes sentían que no tenían voz ni voto en un Gobierno que los enviaba a la guerra.

SI QUIERES SABER MÁS

En 1943, Georgia fue el primer estado en reducir la edad para votar en las elecciones estatales y locales: 18 años. Para las elecciones **federales**, la edad aún era 21 años.

17

En la década de 1960, la edad para votar en una elección federal aún no había cambiado. Entonces, Estados Unidos estaba luchando en la guerra de Vietnam. En 1970, el Congreso realizó un cambio a la Ley del Derecho al Voto de 1965. Redujo a 18 años la edad mínima para votar en todas las elecciones federales, estatales y locales.

SI QUIERES SABER MÁS

Algunas personas, incluido el presidente Richard Nixon, consideraban que el cambio a la Ley del Derecho al Voto iba en contra de la Constitución. Entonces, pensaron que se necesitaba una enmienda constitucional.

En 1971, se aprobó la Vigesimosexta Enmienda que les otorgó el derecho al voto a los ciudadanos de entre 18 y 20 años de edad. La enmienda fue ratificada en solo 100 días. Fue más rápido que cualquier otra enmienda aprobada anteriormente.

SI QUIERES SABER MÁS

Es frecuente que a los estados les lleve un tiempo **ratificar** las enmiendas, pero cinco estados ¡ratificaron la Vigesimosexta Enmienda el mismo día que el Congreso la aprobó!

PERMITIR QUE TODOS VOTEN

Por mucho tiempo, votar fue difícil para las personas con **discapacidad**. Los lugares de votación, o los edificios donde las personas iban a votar, no siempre eran **accesibles**. Esto dificultaba que las personas que tenían problemas para caminar, o subir escaleras, pudieran entrar a votar. La votación tampoco era accesible para aquellos que tenían problemas de visión.

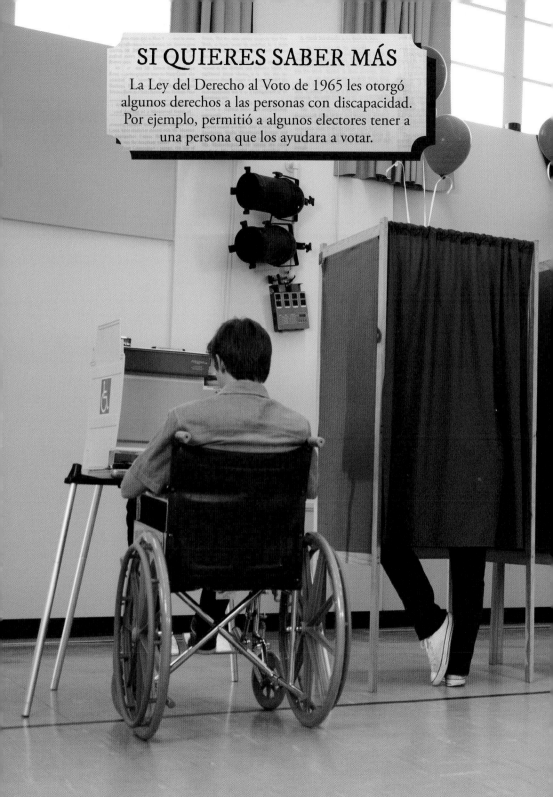

SI QUIERES SABER MÁS

La Ley del Derecho al Voto de 1965 les otorgó algunos derechos a las personas con discapacidad. Por ejemplo, permitió a algunos electores tener a una persona que los ayudara a votar.

En 1984, la Ley de Accesibilidad al Voto para Adultos Mayores y Personas con Discapacidad requería que los lugares de votación, donde se celebraran elecciones federales, fueran lugares accesibles para los votantes mayores y las personas con discapacidades. De lo contrario, estos electores deberían tener otra forma de votar.

SI QUIERES SABER MÁS

La Ley para Personas con Discapacidades de 1990 requería también que los Gobiernos se aseguraran de que las personas con discapacidades tuvieran la misma oportunidad de votar que los demás.

AYUDE A ESTADOS UNIDOS A VOTAR

En 2002, la Ley Ayude a Estados Unidos a Votar les otorgó a los votantes con discapacidades más derechos, por ejemplo, tener más privacidad para votar. La ley también les dio a los estados más dinero para las elecciones y creó la Comisión de Asistencia Electoral (EAC por sus siglas en inglés) que ayuda a las personas a votar.

26

SI QUIERES SABER MÁS

La Ley de Empoderamiento para Militares y
Ciudadanos en el Extranjero se aprobó en 1986
para facilitar el voto de las personas que viven en
el extranjero o que sirven en
las Fuerzas Armadas.

ACCESO A

La Ley Nacional de Registro del Votante, de 1993, hizo más fácil registrarse al exigir que los estados ofrecieran múltiples formas para hacerlo. Si bien las leyes han hecho posible que las elecciones sean mucho más justas de lo que solían ser, algunas leyes aún dificultan que las personas puedan votar.

LÍNEA DEL TIEMPO DE LAS LEYES DE VOTACIÓN

1787
La Constitución les otorga a los estados el control de las elecciones. Algunos hombres blancos pueden votar.

1870
La Decimoquinta Enmienda dice que no se puede impedir que las personas voten debido a su raza o color de piel, pero aún muchas lo siguen impidiendo.

1920
La Decimonovena Enmienda les otorga a las mujeres el derecho al voto.

1964
La Vigesimocuarta Enmienda prohíbe los impuestos al sufragio.

1965
La Ley del Derecho al Voto prohíbe las prácticas que impidan votar a los afroamericanos.

1971
La Vigesimosexta Enmienda cambia la edad para votar de 21 a 18 años.

1984
Se aprueba la Ley de Accesibilidad al Voto para Adultos Mayores y Personas con Discapacidad.

1993
La Ley Nacional de Registro del Votante se aprueba para facilitar el registro a los votantes.

2002
Se aprueba la Ley Ayude a Estados Unidos a Votar.

GLOSARIO

accesible: capaz de ser utilizado por personas con discapacidad.

ciudadano: alguien que vive legalmente en un país y tiene ciertos derechos.

Constitución de Estados Unidos: escrito que establece las leyes fundamentales de Estados Unidos.

derechos civiles: las libertades individuales otorgadas a los ciudadanos estadounidenses por ley.

discapacidad: condición que dificulta que una persona haga ciertas cosas.

enmienda: un cambio o adición a una Constitución.

esclavo: persona que es de propiedad de otra persona y está forzado a trabajar sin recibir pago alguno.

federal: que tiene que ver con el Gobierno nacional.

identificación: documento que muestra quién es una persona; tiene su nombre y otra información.

impuesto electoral: impuesto que la gente tenía que pagar para votar en una elección.

propiedad: algo que posee una persona, por ejemplo, un terreno.

ratificar: dar aprobación formal de algo.

territorio: área de tierra que es parte de Estados Unidos, pero no es un estado.

PARA MÁS INFORMACIÓN

LIBROS

Burgan, Michael. *The Voting Rights Act of 1965: An Interactive History Adventure*. North Mankato, MN: Capstone Press, 2015.

Krasner, Barbara. *A Timeline of Presidential Elections*. North Mankato, MN: Capstone Press, 2016

SITIOS DE INTERNET

How Voting Works

www.ducksters.com/history/us_government_voting.php

Averigua más sobre cómo se puede votar en este sitio de Internet.

Voting Rights Act of 1965

www.history.com/topics/black-history/voting-rights-act

Aprende aquí más sobre la Ley del Derecho al Voto de 1965.

Nota del editor para educadores y padres: nuestro personal especializado ha revisado cuidadosamente estos sitios de Internet para asegurarse de que sean apropiados para los estudiantes. Muchos sitios de Internet cambian con frecuencia, por lo que no podemos garantizar que posteriores contenidos que se suban a esas páginas cumplan con nuestros estándares de calidad y valor educativo. Tengan presente que se debe supervisar cuidadosamente a los estudiantes siempre que tengan acceso a Internet.

ÍNDICE